AF081220

इब्तिदा

OrangeBooks Publication

1st Floor, Rajhans Arcade, Mall Road, Kohka, Bhilai, Chhattisgarh 490020

Website: **www.orangebooks.in**

© Copyright, 2024, Author

All rights reserved. No part of this book may be reproduced, stored in a retrieval system, or transmitted, in any form by any means, electronic, mechanical, magnetic, optical, chemical, manual, photocopying, recording or otherwise, without the prior written consent of its writer.

First Edition, 2024
ISBN: 978-93-6554-395-7

Dedicated to cherished moments
&
all the losses we let go of ..

ये मेरे शब्दों की छोटी सी दुनिया है,
मेरी दुनिया में आपका स्वागत है

To My Soulmate ..
All my love for You ..
अपने इश्क़ के रंग में रंग दे मुझे ..

For my kids,
DRIHA

No matter your age,
know that I am always here for you. If
life becomes challenging, remember
that you have a safe haven to return to

-RaMaa
(Radhika)

इब्तिदा

जीवन का एक नया पन्ना, एक नई शुरुआत, एक नई राह... यही है "इब्तिदा"। यह किताब मेरी कलम से नहीं, बल्कि मेरे दिल से निकली है। मेरे दिल में छिपे हुए प्यार, दर्द, खुशी और सपनों की कहानी है।

मेरा बचपन पंजाब और दिल्ली की गलियों में बीता। माता-पिता के प्यार और दुलार में पली-बढ़ी, मैंने हमेशा बड़ों का आदर किया। नमिता अरोड़ा के नाम से जानी जाने वाली मैं, दो बहनों और एक भाई के साथ मैंने खूब मस्तियों वाला बचपन बिताया।

शादी के बाद मैं राधिका बन गई, लेकिन दिल और शरारतों में वो ही नमिता रही। आज, इस किताब के माध्यम से, मैं अपने दिल की गहराइयों को आपके सामने ला रही हूं। मेरे परिवार का, मेरे माता-पिता, मेरे पति और मेरे बच्चों का इस सफर में बहुत बड़ा योगदान है। उनकी प्रेरणा और समर्थन के बिना यह संभव नहीं था।

इस यात्रा में मेरे साथ रही मेरी प्यारी बेटी **दृष्टि** और मेरा नटखट बेटा **हरेन**। अगर दृष्टि की हंसी , उसके प्यार , उसकी समझदारी ने हर दिन को खूबसूरत बनाया तो हरेन की शैतानियों ने मुझे हर पल जीना सिखाया। दृष्टि मेरी सबसे अछि दोस्त है और हरेन में मुझ सा पागलपन है। दोनों की मुस्कान मेरे जीवन की रौशनी है।

'इब्तिदा' केवल कविताओं का एक संग्रह नहीं है, बल्कि प्रेम की अभिव्यक्तियों का एक उत्सव है। आइए, हम सब मिलकर इस यात्रा पर निकलें...

इब्तिदा - प्रेम का उत्सव

राधिका बजाज

Contents

My birthday falls on 21st
So are chapters in this book

1. एहसास
2. कश्मकश
3. उल्फ़त
4. इज़हार
5. इकरार
6. मुलाकात
7. सुकून
8. इश्क़
9. मौहब्बत
10. प्रेम
11. जुनून
12. इबादत
13. आशना
14. एतबार
15. दूरियाँ
16. अश्क
17. बेवफा
18. कसक
19. दर्द
20. अक़ीदत
21. उड़ान

एहसास

कुछ न कह के भी
सब कह गयी वो एक नज़र

न जाने कब तुम्हें कोई छू जाए
एक एहसास की तरह ..

एहसास

तेरी मेरी अनकही बातें

लिखने को जब भी
काग़ज़ कलम उठाते है ..

तेरी मेरी अनकही बातें
सोच सोच के मुस्कुराते है ..

एहसास

एहसास के धागे

बड़े ही खूबसूरत है
तेरे एहसास के धागे ..

बंधे रहते है तुमसे
बिना बंधे ..

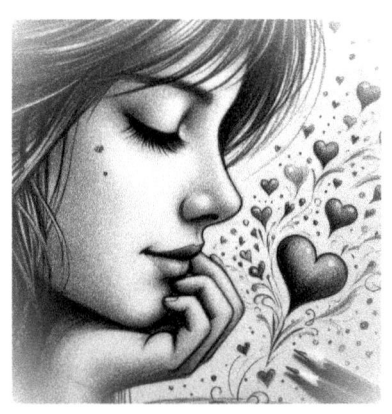

...
एहसास

न मिल के मिले है हम

छू गया एहसास
कुछ इस कदर तुम्हारा
अब उस एहसास से
रिहाई मुमकिन नहीं ..

न मिलके भी मिल गए है
ऐसे तुमसे
अब तुमसे जुदाई भी
मुमकिन नहीं ..

एहसास

वो रूहानी एहसास

ये जो एहसास है
है ये कुछ ख़ास है ..

जिस्म से तू दूर सही
लेकिन रूह से तू पास है ..

एहसास

तुझमें खोकर खुद को पाया

तुझमें खुद को खोकर
खुद को पाया मैंने ..

तेरी ख़ुश्बू को
तेरे एहसास को
रूह में बसाया मैंने ..

तेरे दिल में
छोटा सा घर बनाया मैंने ..

तेरी छुअन से जो
अश्क़ आये
रूह का सुकून पाया मैंने ..

...
एहसास

तू कहे न कहे 'जाना'

होठों की ये हसी
आँखों में थमे तेरे आंसू
सब बयां करते हैं ..

तू कहे न कहे '**जाना**'
हम सब समझ लेते हैं ..

एहसास

नींदे भी हमसे खफा हुई

इक नज़र भर के देख लिया तुझको
बस यही हमसे खता हुई ..

दिल भी बस में न रहा
नींदे भी हमसे खफा हुई ..

एहसास

<u>अनजाना कर गयी वो नज़र</u>

इश्क़ हमें हुआ अंजाने ही
दिल हमारा, हमारा न रहा
रहा अंजाने ही ..

उसने इक नज़र ऐसे देखा हमें
हम खुद के ही ना रहे अंजाने ही ..

एहसास

कश्मकश

अजीब दास्ताँ हमारे इश्क़ की
हमने सुना वो जो तुमने कहा ही नहीं

मुस्कुरा के तुमने
हमारा क्या हाल किया है ..

हालत हमारी पहले ही ख़राब थी
तुमने हमें और बेहाल किया किया है ..

कशमकश

कम्बख़्त मौहब्बत हो गयी

किस्सा ए इश्क़
कुछ यूँ हुआ
इनकार भी ना हुआ
इकरार भी ना हुआ

कम्बख़्त **मौहब्बत** हो गयी

कश्मकश

<u>क्या कहना</u>

क्या कहना
नज़रे मिलाके तेरा नज़रे चुराना ..

क्या कहना
होंठों पे आई हसी को चुपके से दबाना ..

क्या कहना
गिरती लटों को चेहरे से हटाना ..

क्या कहना
सब कुछ जान के अंजान बन जाना ..

क्या कहना ..

...
कशमकश

इस दिल मे कितना दर्द छुपाते हैं हम

चाह के भी नहीं बता पाते
क्या चाहते हैं हम ..

ओर तुम बेवजह ये कहते हो
तुम्हें सताते हैं हम ..

होठों की हसीं और आँखों
की शोखियों पे ना जाना तुम ..

इस दिल मे ना जाने कितना
दर्द छुपाते हैं हम ..

...
कश्मकश

<u>फ़ितूर</u>

यू ही किसी से
मुलाकात नहीं होती
हर किसी से दिल
की बात नहीं होती ..

कुछ तो ख़ास बात
होगी उसमे
वरना ए खुदा हमारी नियत
यूँ ही ख़राब नहीं होती ..

...
कश्मकश

कम्बख़्त ये दिल

कम्बख़्त ये दिल बोहत नासमझ
हाय मेरी सुनता कहा है ..

इशारो इशारो में
सवाल जवाब चल रहे है
पर तुमसे कुछ कहता कहा है ..

...
कशमकश

उल्फ़त

अनजान सपने पल जाते है
ना जाने क्यूँ..

तुझे देखा तो ये जाना की
मानो न मानो इश्क़ होता है ..

और हाय कम्बख़्त
बड़ा हसीं होता है ..

उल्फ़त

इतने फूलों की आदत नहीं हमें

इतने फूलों की आदत नहीं हमें
यू ही हमें ना बहकाइये ..

ज़िंदगी इतनी भी खूबसूरत नहीं
यूँ ही झूठे सपने ना दिखाइए ..

उल्फ़त

मेरी जान को सताया न करो

यू तसव्वुर में हमारे सनम
आया ना करो ..

हम परेशान से हो जाते है
तड़पाया ना करो ..

तुम जान के भी
अनजान से बन जाते हो ..

इस तरह जान
मेरी जान को सताया न करो ..

उल्फ़त

लिया नाम हमारा उन्होंने

ऐसा लगा खुदा ने रख दिया
हमारे दिल पे हाथ ..

लिया नाम हमारा उन्होंने कुछ
इस अदा के साथ ..

उल्फ़त

मेरे नाम का पहला अक्षर

तेरे नाम के पहले अक्षर में
मेरे नाम का पहला अक्षर मिलाना
आज मुझे याद आता है ..

ना जाने क्यों अल्हड़ उमर में
तेरे संग बिताया वो
ज़माना आज मुझे याद आता है ..

उल्फ़त

दिल में ख्वाइश है

दिल में ख्वाइश है,
इक पल तेरे साथ बिताने की ..

दिल में ख्वाइश है,
तुझे इक टक बस देखते जाने की ..

दिल में ख्वाइश है,
तेरे सब ग़म अपने बनाने की ..

दिल में ख्वाइश है,
तुझपे अपना सब कुछ लुटाने की ..

...
उल्फ़त

ए फ़रिश्ते जीना सीखा दे

क्या सही है क्या ग़लत है
सच सच बतादे

मेरी ज़िंदगी में आये ए फ़रिश्ते
मुझे बस जीना सीखा दे

उल्फ़त

ऐ चाँद इतना ना इतरा

ऐ चाँद रुक सब्र कर ज़रा इतना ना इतरा
यू की वो अभी छत पे आने वाले है ..

देख के तू भी हैरान होगा उनको
जिनके हम चाहने वाले है ..

उल्फ़त

इज़हार

उस दिन के इंतज़ार में है हम
की हाय कभी तो तुम कुछ कहोगे

कुछ ऐसा है जो , कहा भी नहीं जा रहा
ओर कहे बिना , रहा भी नहीं जा रहा

चलो ये भी ठीक है
कि तुमने कुछ कहा नहीं ..

पर कुछ क़सूर तो
तुम्हारी निगाहों का होगा ..

इज़हार

क्या है दरमियाँ तेरे मेरे

क्या है दरमियाँ तेरे मेरे
हम नहीं जानते ..

पर सिवा तेरे अपना
किसी को नहीं मानते ..

जुड़ गये है ना जाने
कौन से रिश्ते में हम तुझसे

पर हां , किसी रिश्ते में
हम तुझे नहीं बाँधते ..

इज़हार

कभी देखा है तूने खुद को आईने मे

कभी देखा है तूने खुद को आईने मे
हर तरफ दोशीज़गी छाई है ..

इन ज़ुल्मतों से कह दो औकात में रहें ,
आज मेरी हीर चेहरे से जगमगाई है ..

इल्म और आगाज़ करो इन ज़ुल्फों का ,
मिरे अहद की खुशिया यहां नज़र आई है

इतनी शैतानी कहाँ से लाते हो मुर्शद ,
तेरे रंग-ए-नशा से ये दुनिया महकाई है ..

कभी देखा है तूने खुद को आईने में ..

बातें जो तूने कही ही नहीं

तेरी नज़र ने
मेरी नज़र से कही है वो बातें ..

जो तूने आजतक
लबों से कही नहीं ..

इज़हार

तेरे चेहरे के तिल से भी मौहब्बत है

हमने कहा क्या सच में तुम्हें
मुझसे दिल से मौहब्बत है ..

उसने कहा पागल
हमें तो तेरे चेहरे के तिल
से भी मौहब्बत है ..

इज़हार

इकरार

होंठो पे दबी है
बातें जो अब तक बाकी है ..

हमारी उनसे मुलाक़ाते
अब भी बाकी है ..

इश्क़ ऐसी बला है
जो बस हो जाती है ..

ना जाने क्यूँ इक रूह
दूसरी रूह में खो जाती है ..

इकरार

तो क्या हुआ हम खामोश थे

तो क्या हुआ
खामोश हम थे ..

आवाज़ तुम भी लगा सकते थे
मौहब्बत तो दोनों की थी
थोड़ी सी तुम भी जता सकते थे ..

तो क्या हुआ
अगर खामोश हम थे ..

...
इकरार

तो क्या हुआ

तो क्या हुआ गर उसने इकरार
अब तक नहीं किया ..

जो क्या हुआ गर उसने अपना
हाथ मेरे हाथ में अब तक नहीं दिया ..

तो क्या हुआ हमारी मुलाक़ातें नहीं होती
घंटों इक दूजे से बातें नहीं होती ..

पर इतना तो मेरे दिल को यकीन है
वो ये नहीं कह सकता की
उसने मुझसे इश्क़ अब तक नहीं किया ..

इकरार

दीदार उनका हुआ

आज न जाने कितने दिनों बाद
हमें दीदार उनका हुआ ..

पहले ही बेपनाह मौहब्बत थी उनसे
आज थोड़ा और प्यार हमको हुआ ..

पलट कर जिस तरह देखा उसने हमें
उनकी नजरो से लगा मुद्दतो बाद
इकरार उनका हुआ ..

इकरार

इज़हार तो करना है

एक बार तेरे करीब आ के
इकरार तो करना है ..

हाँ तुझसे बेपनाह मौहब्बत है
इज़हार तो करना है ..

इकरार

मुलाकात

आओ हम अपने दिल की बात करते हैं
चाय पे इक मुलाकात करते हैं ..

क्या बताएं कितने अज़ीज़ हो तुम ..
बस इतना सोच लो
साँसे भी मेरी चलती है तुम्हारे लिए ..

मुलाकात

तेरी इबादतें की हैं

जिंदगी तो बस उन्हीं पलों मे है
जब जब तुझसे मुलाकातें की है..

तेरे तसव्वुर में खोये खोये
मैंने सुबह से रातें की हैं ..

चाँद में अक्स तेरा देखकर
मैंनें चाँद से भी बातें की है ..

मौहब्बत तुझसे इस कदर है मुझे
मैंने तुझे अपना रब मानकर
तेरी इबादतें की हैं ..

मुलाकात

तुम आओगे

पल पल प्रतीक्षा है मुझे कि
तुम आओगे ..

आँखे तुम्हारी पढ़ चुके हैं
हम पर होठों से अपने स्वीकार करने
तुम आओगे ..

मेरी सब भावनाएं सिर्फ तुम्हारी हैं
उन्हें अंगीकार करने
तुम आओगे ..

पल पल प्रतीक्षा है मुझे
कि तुम आओगे ..

मुलाकात

चलो एक मुलाकात चाय पर करते हैं

चलो एक मुलाकात चाय पर करते हैं
हम तुमसे दिल की बात करते हैं ..

चलो एक मुलाकात चाय पर करते हैं
इस दिल में जो भी छुपा है
लबों से ब्यान करते हैं ..

चलो एक मुलाकात चाय पर करते हैं ..

क्या खूब हो भीनी भीनी सी बारिश हो जाए
तुम मुझमे खो जाओ
हम तुम में खो जाते है

चलो एक मुलाकात चाय पर करते हैं ..

मुलाकात

हमें दीदार उनका हुआ

आज न जाने कितने दिनों बाद
हमें दीदार उनका हुआ ..

पहले ही बेश बाह मौहब्बत थी उनसे
आज थोड़ा और प्यार
हमको हुआ ..

और पलट कर जिस तरह देखा उसने हमें
बस यूँ लगा मुद्दतों बाद
आज इकरार उनका हुआ ..

आज न जाने कितने दिनों बाद
हमें दीदार उनका हुआ ..

मुलाकात

मन है तुझसे बरसात में मिलने का

मन है तुझसे बरसात में मिलने का
तुझे देखने का तेरे दिल की सुनने का ..

मन है तुझसे बरसात में मिलने का
जो बात होठों मैं दबी है
उसको आँखो से पढ़ने का ..

मन है तुझसे बरसात में मिलने का ..

मुलाकात

सुकून

कितनी बेचैनियाँ हैं ज़हन में
तुझको लेकर ..

पर तुझसा सुकून भी
कहीं और नहीं ..

तुझे कैसे बताएं
तेरी तस्वीर कितना
सुकून देती है हमें ..

सुकून

<u>ना जाने क्यूँ</u>

ना जाने क्यूँ तुझे सोचकर
मेरी रूह को सुकून मिलता है ..

ना जाने क्यूँ तुझे चाह कर
मेरी रूह को सुकून मिलता है ..

ना जाने क्यूँ तुझे देखकर
मेरी रूह को सुकून मिलता है ..

ना जाने क्यूँ तुझे महसूस कर
मेरी रूह को सुकून मिलता है ..

...
सुकून

इक दिन मेरे रूबरू होगा

जब तेरा ख्याल ही
इतना सुकून देता है मुझे
जब तू सामने होगा
तो वो मंजर कितना हसीन होगा ..

दिल तो करेगा
आगोश में अपनी ले यूँ तुझे
और जो दर्द समेटे है, तू खुद में
वो वह जाए बारिश को तरह
और तू मुझमें सिमट जाए ..

उस खामोशी में एहसास
हो तुझे मेरी मौहब्बत का ..

और न जाने क्यों मेरे
दिल को ये यकीं हैं
कि तू सिर्फ मेरे ख्यालों में नहीं
इक दिन मेरे रूबरू होगा ..

...
सुकून

कितना ख़ुशनसीब है वो

कितना ख़ुशनसीब है वो
जिसके पास तू है ..

हमें तो तेरी यादों से भी
सुकून मिलता है ..

सुकून

इश्क़

अकेलेपन
में भी सुकून है ..

हम बदल गये है या
इश्क़ का जुनून है ..

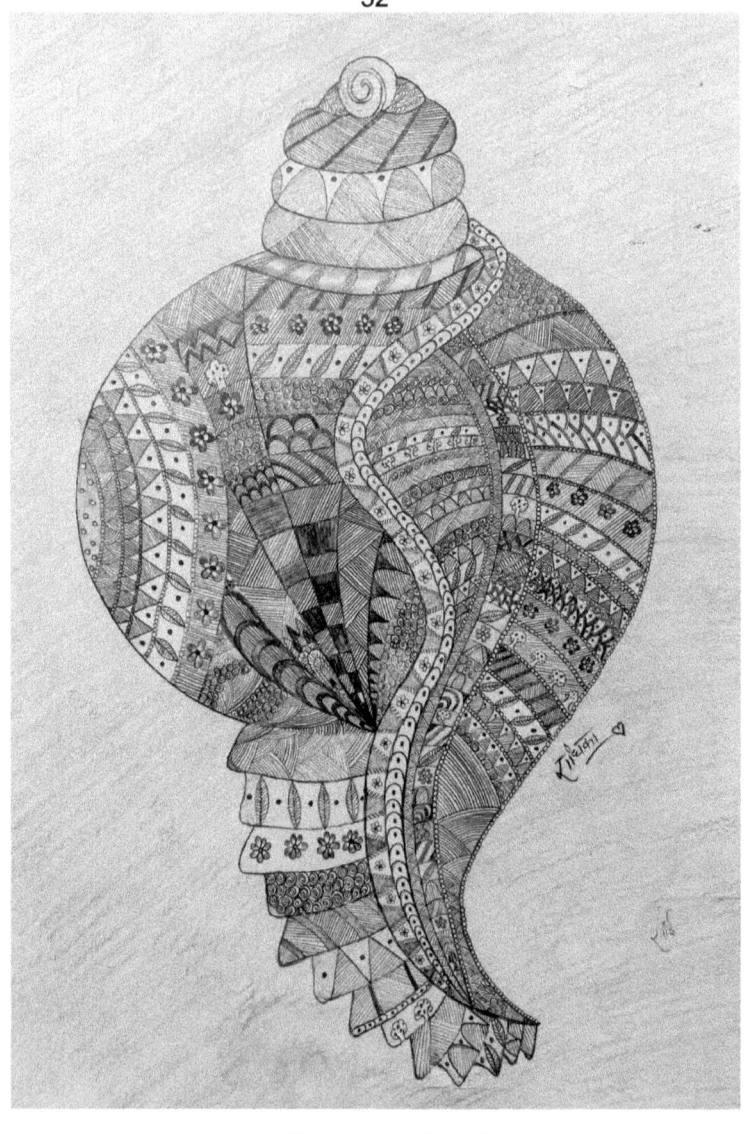

तुझसे नाता जोड़ लिया है
सब कुछ तुझ पे छोड़ दिया है ..

इश्क़

बेपनाह इश्क़

सोए ख्वाब जगाता है
बेपनाह इश्क़ ..

रूह को महकाता है
बेपनाह इश्क़ ..

पलपल जीना सिखाता है
बेपनाह इश्क़ ..

मुझे तेरे और करीब ले आता है
बेपनाह इश्क़ ..

...
इश्क़

तुम थोड़ा सब्र रखके मेरे संग रहना

हो सकता है
कभी ना कह पाऊं जो कहना है मुझे
तब तुम मुझे समझने कि कोशिश करना ..

हो सकता है
कभी अपनी उलझनों की वजह से
तुम्हें कुछ ग़लत कह दूँ मैं , तो
तुम थोड़ा सब्र रखके मेरे संग रहना ..

हो सकता है
कभी तुम्हें वक़्त नहीं दे पाऊं मैं ..

तो तुम अपना थोड़ा सा वक़्त मुझे दे देना ..

इश्क़

तुम, मैं और हमारा साथ

लबों पे आके रुक जाती है
इक बात ..

कि सबसे अच्छा लगता है
तुम, मैं और हमारा साथ ..

इश्क़

दिल में क्यूँ

दिल में क्यूँ
इक कसक सी उठी है ..

कोई हमें भी टूट के चाहे
ये चाहत सी उठी है ..

इश्क़

मौहब्बत

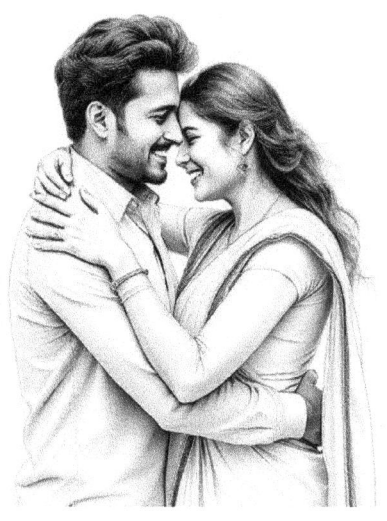

तुझे शायर बना दूँ ऐसा कुछ
हुनर मुझमें भी है ..

इंसान भी क्या गज़ब शय बनाई तूने 'ए' ख़ुदा
कुछ किसी की पाक मौहब्बत को सरेआम लुटा देते हैं
कुछ इक पल की मौहब्बत में सारी उम्र बिता देतें हैं

मौहब्बत

मैं कैसे बताऊँ , तू कौन है मेरी

मैं कैसे बताऊँ , तू कौन है मेरी
मेरी रूह में शामिल , तू रहती है ..

मैं बोल नहीं पाउँगा कभी भी
मेरी नज़रें क्या तुझ से कहती है ..
इशारों में समझ लेना कभी
तुझ पे खुदा की रहमत रहती है ..

मुझे मिलने की ज़रूरत नहीं है तुझ से
तू मिल जा रस्ते में कहीं ..
तेरे ख्यालों से महक उठता हूँ मैं
तू दिखती है मेरी इबादत में यहीं ..

पर तुझको गले नहीं लगना अब
क्यूंकि तुझको अपना खुदा बनाया है ..
खुदा की तरह उल्फत है तुझसे
खुदा की तरह अपनाया है ..

मैं कैसे बताऊँ , तू कौन है मेरी
मेरी हीर आसमानी
<u>मेरी हीर आसमानी</u>

...
मौहब्बत

ज़िंदगी हसीन है उससे खुल के जियो

ज़िंदगी हसीन है
उसे खुल के जियो ..
किसी की आँखो में मौहब्बत
खुद के लिए देख के जियो ..

किसी को दिल से शिद्दत से
चाह के जियो ..
बेवफा को वफ़ा देके
सुकून से जियो ..

झूठे के साथ सच्चाई से जियो ..
बुरे के साथ अच्छाई से जियो ..

ज़िंदगी हसीन है , उससे खुल के जियो ..

मौहब्बत

खुद को खोके तुझको पाया है

खुद को खोके
तुझको पाया है
हर पल मेरे साथ रहता
तेरा साया है ..

हर लम्हा तेरी याद में
गिरफ्तार हम है

ग़र यही मौहब्बत है
तो हाँ मौहब्बत में
हम हैं ..

मौहब्बत

रूह से तू पास है

ये जो एहसास है
ये कुछ ख़ास है

जिस्म से तू दूर सही
लेकिन रूह से तू पास है

मौहब्बत

प्रेम

इस ज़िंदगी की राह भी तू
मंज़िल भी तू

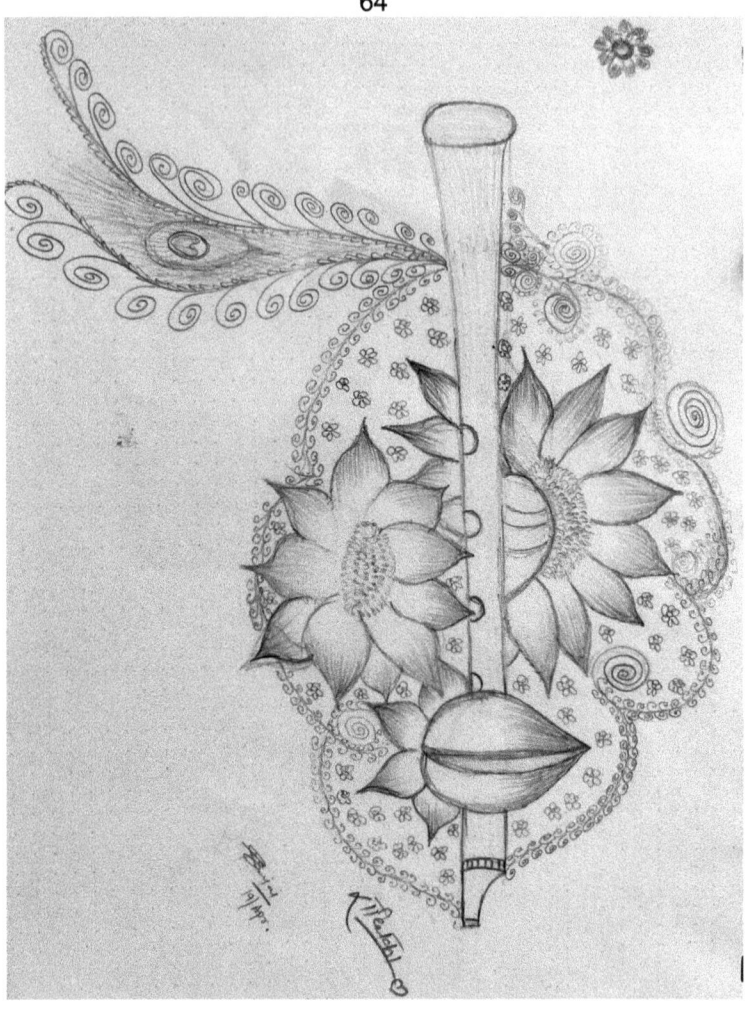

नज़र कृष्णा की हो तो , सारी दुनिया प्रेम है ..
नज़र राधा की हो तो , सारी दुनिया कृष्णा है ..

प्रेम

सच बताओ कभी प्रेम किया है ?

क्या कभी किसी की
धड़कन को महसूस किया है ..

उसका हाथ अपने हाथ में लेकर
उसके कंपन को महसूस किया है ..

उसकी आँखो में छुपे उस
अनकहे दर्द को महसूस किया है ..

सच बताओ क्या तुमने सच में
कभी निःस्वार्थ प्रेम किया है ..

प्रेम

वही तो प्यार है

जो शब्दों और अर्थों से पार है
वही तो प्यार है ..

काव्यपूर्ण, अर्थपूर्ण, भावपूर्ण
जिसका विस्तार है
वही तो प्यार है ..

जो जीवन में लाए बदलाव
और करता तुम्हारे मिथ्या , भ्रमों पर प्रहार है
वही तो प्यार है ..

अस्तित्त्व के साथ एकरूपता हो जाए
यही तो जीवन का सार है
वही तो प्यार है ..

प्रेम

आंख दूजे की रोती है

प्रेम तो शाश्वत है
देह से होता नहीं ..

अगर देह से है तो
वो अमर होता नहीं ..

आत्मिक प्यार की अनुभूति
सच्ची आत्मा को होती है ..

दर्द अगर इक को हो तो
आंख दूजे की रोती है ..

प्रेम

जुनून

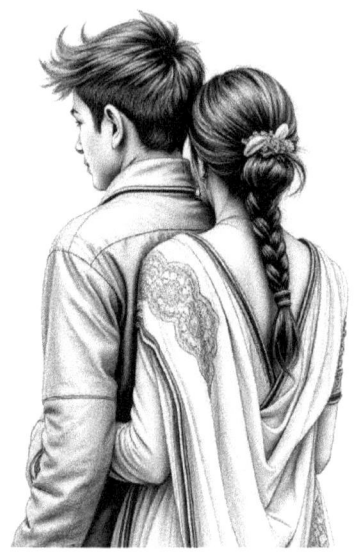

बस यही है जुस्तज़ू
तू रहे रुबरु ..

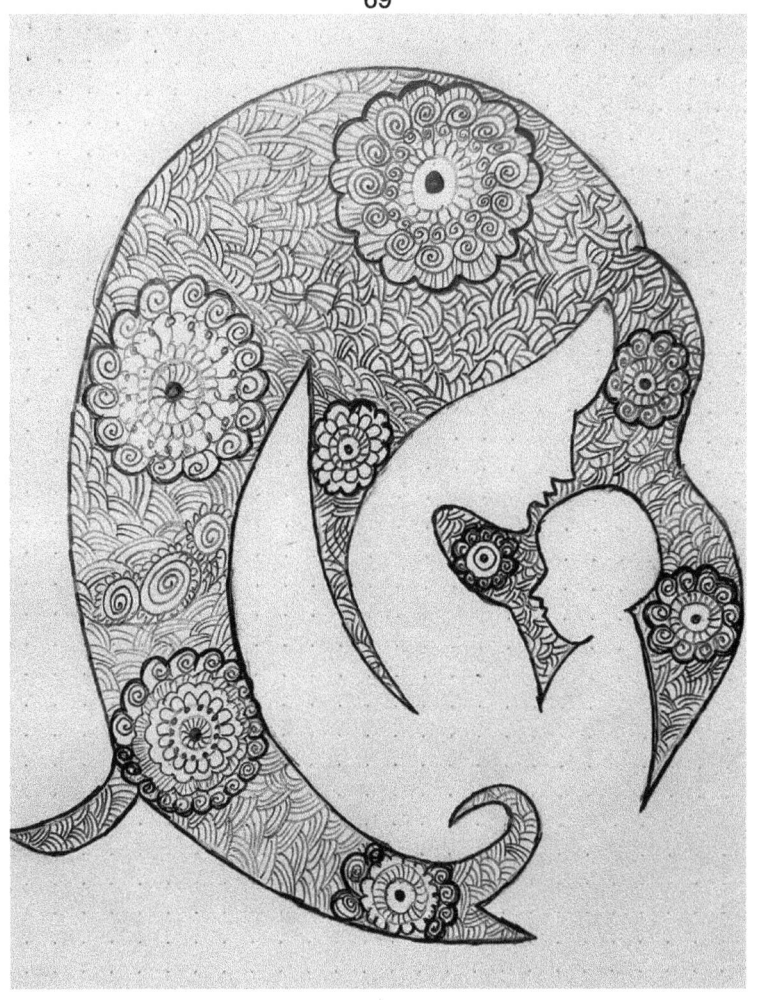

यूँ ज़रूरी है तू मुझे ..
जैसे ज़िंदा रहने के
लिए साँसे ज़रूरी है ..

जुनून

इसका एहसास तुम्हें भी होना चाहिए

कुछ पन्नो पे ज़िंदगी के नाम
तुम्हारा भी होने चाहिए ..

अंजाने इतनी खुशियाँ देने वाले
कुछ नाम मेरी ज़िंदगी में
तुम्हारा भी होना चाहिए ..

हम तो चले जाएँगे इक दिन यूँ ही
तुम कितने हो ख़ास
इसका एहसास कुछ तुम्हें भी होना चाहिए ..

...
जुनून

<u>कैसे करूँ ग़ज़ल में तुझको बयां</u>

कैसे करूँ ग़ज़ल में तुझको बयां
तुझपे एक किताब लिखनी पडेगी ..

एक दो किताबों में कैसे समायेगी तू
लगता है बेशुमार लिखनी पड़ेगी ..

लोग ढूंढते फिर रहें है तुझको उन किताबों में
पढ़ पढ़ के ..

तेरी खूबसूरती से जल उठे कुछ पन्ने ,
अपनी ही किताबों से
लड़ लड़ के ..

कैसे करूँ ग़ज़ल में तुझको बयां ..
कैसे करूँ ग़ज़ल में तुझको बयां ..

<u>मेरी हीर आसमानी</u>

...
जुनून

राहत ही कुछ ऐसी है

बिन छुए छू लो हमें
चाहत कुछ ऐसी है ..

बेचानी में भी आराम है
राहत कुछ ऐसी है ..

जुनून

वो आए भी , चले भी गए

कैसा दिन था ये
मैं फ़िज़ाओं की बहार में हूँ ..

वो आए भी,
चले भी गए
मैं अब भी इंतजार में हूँ ..

जुनून

होश कुछ गुम से है

देखा है जब से तुम्हें
होश कुछ गुम से है ..

आईने में देख के लगता है
हमें की क्यूँ, हम तुम से है ..

जुनून

इबादत

अनंत अतुलनीय तेरा प्रेम
तुम मैं तुम में मैं

मुझपे उस पाक
खुदा का करम है
तू ..

इबादत

हाँ कह भी दो

मेरे ख्वाबो की मुक़म्मल
तस्वीर हो तुम ..

हाँ कह भी दो
मेरी तकदीर हो तुम ..

इबादत

कोई भी ख्वाहिश नहीं रहती

कोई भी ख्वाहिश नहीं रहती
सब बदल जाता है ..

इश्क़ जब रूह से होता है
तो खुदा मिल जाता है ..

इबादत

नज़ाने क्यूँ इन आँखों को

नज़ाने क्यूँ इन आँखों को तेरी
आदत सी हो गई है ..

तू चाहे या ना चाहे
कुछ फ़र्क़ नहीं पड़ता ..

तुझे चाहना मेरे लिए
इबादत सी हो गयी है ..

इबादत

आशना

नींद में ख्वाब
ख्वाबो में तुम
...

ना जाने क्यूँ दिल चाहता है
कि तुम मेरे पास रहो ..

आशना

वो क्षण

क्षण भर को ठहरो तो ज़रा
क्षण भर को कुछ बात तो हो ..

क्षण भर में ही जीना है मुझे
क्षण भर को मुलाकात तो हो ..

क्षण भर को तू मुझको देखे
क्षण भर को तू मुस्कुराए ..

क्षण भर को तू शरमाए
क्षण भर को आलिंगन में आए ..

प्रार्थना मेरे जीवन की यही प्रिय
वो क्षण भर जल्दी ही आए ..

आशना

इतना करीब आ तू मेरे

इतना करीब आ तू मेरे
कि कुछ न रहे दरमियाँ ..

होले से तेरे कानों में
कर दे हम हाल-ए-दिल ब्याँ ..

मेरी साँसों में मिल जाएं
तेरी सांसे इस कदर ..

मेरे जिस्म से खुशबू
आए तेरी मेरे हमसफर ..

कुछ न रहे दिल में बाकी
कर दूँ मैं सब ब्याँ ..

इतना करीब आ तू मेरे
कि कुछ न ..

आशना

हंसते लबों को तो

हंसते लबों को
तो सब छूना चाहते है ..

नम आँखो को
कोई छूए तो कुछ बात है ..

खूबसूरत जिस्म को
तो सभी छूना चाहते है ..

दर्द ए रूह को
कोई छूए तो कुछ बात है ..

...
आशना

ऐ ज़िंदगी छोटी सी इल्तिजा है तुझ से

ऐ ज़िंदगी छोटी सी
इल्तिजा है तुझ से ..

तेरे दिए हर ग़म को
हसके हमने पी लिया ..

इक पल ऐसा दे दे
मुझे मेरी ज़िंदगी से ..

की लगे कि ज़िंदगी
मैंने तुझे जी लिया ..

आशना

होंठो पे दबी है

होंठो पे दबी है
बाते जो अब तक बाकी है ..

हाँ हमारी उनसे मुलाक़ाते
अब भी बाकी है ..

आशना

यूँ ही बड़ी मुश्किल से आए है वो

यूँ ही बड़ी मुश्किल से आए है वो
हमसे मिलने ..

या खुदा या उन्हें रोक दे
या वक़्त को ..

आशना

चाँद को छूने की ख्वाहिश थी

चाँद को छूने की
ख्वाहिश थी ..

तूने गले लगाया
ख्वाब पूरा हो गया ..

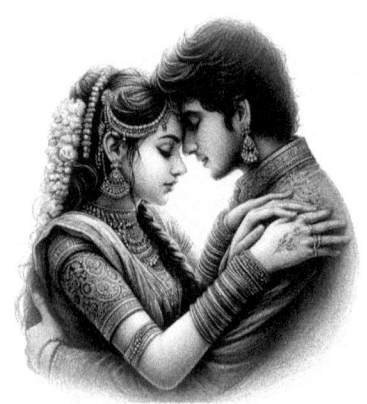

...
आशना

एतबार

हमें जो तुमसे हुआ
वो किसी से हुआ ही नहीं

देखे है नज़ारे बहुत

देखे है नज़ारे बहुत
एक नज़ारे ने तबाही मचा रखी है ..

एक शैतान सी लड़की ने
पूरी कयनात सिर पे उठा रखी है ..

शफ़क़ सी खूबसूरत मेहँदी ने
अलग ही आग लगा रखी है ..

उसके लाल रंग की दास्तान न पूछो महताब
आधी दुनिया पागल , आधी सौदाई बना रखी है ..

•••
एतबार

यूँ इक उज्जवल सी किरण

अब जो यूँ इक उज्जवल सी
किरण दिखाई है रोशनी की
उसे मद्धम पड़ने मत देना ..

बहुत ही मुश्किल के बाद
खुद को फिर से तैयार किया है
जीने के लिए
अब इस चाह को कम पड़ने मत देना ..

हाथ जो थाम लिया है,
तुमने अब मेरा
संग मेरे सदा रहना,
इस भीड़ मे मुझे अकेला पडने मत देना ..

एतबार

दरमियाँ कोई ना हो

चलो चले ऐसी जगह
जहा तुम हो ओर मैं हूँ ..

दरमियाँ कोई ना हो ..

बस इश्क़ ही इश्क़ हो बेपनाह
दरमियाँ कोई ना हो ..

एतबार

दूरियाँ

तुझ तक पहुंचने का सफ़र
कैसे पूरा करे हम
..

रूहानी सा ये एहसास
दूर होके भी तू पास

दूरियाँ

होकर बेपरवाह

होकर बेपरवाह जो तुम मेरा
दिल दुखाते हो ..

मुझे तड़पाके ना जाने कैसे
सुकून पाते हो ..

बढ़ती ही जाती है तुझसे मौहब्बत
दिन-ब-दिन ..

तुम ना जाने कैसे हमसे
दूर हुए जाते हो ..

दूरियाँ

दीदार का हक़ तो हमें है

मानते है
हमारे नहीं हो सकते तुम ..

पर दीदार
का हक़ तो हमें है ..

तेरी तस्वीर से
ही कर लेते है हम बातें ..

तुझसे इश्क़
करने का हक़ तो हमें है ..

दूरियाँ

कभी कभी हम तुम्हें कहते है

कभी कभी हम तुम्हें कहते है
की तुम्हें हमसे
अब पहले सी मौहब्बत
नहीं रही ..

इसलिए नहीं की तुम्हारी
मौहब्बत कम हो गयी
शायद इसलिए
की हम चाहते है
तुम बेपनाह हमें चाहते रहो ..

दूरियाँ

जिसके हम सबसे करीब होते है

जिसके हम सबसे करीब होते है
वही हमें सबसे दूर रहना
सिखाता है

दूरियाँ

अश्क

अपनी ही उलझानो में खो गयी हूँ मैं
जो नहीं थी वो हो गयी हूँ मैं

आँखो से बह गये
अश्क की तरह ..

कुछ ख्वाब जो
ज़िंदगी से थे ..

अश्क

__ख्वाब मे भी हकीकत में भी__

हमने हर सपने को टूटते देखा है
ख्वाब मे भी हकीकत में भी ..

हमने हर अपने को छूटते देखा है
ख्वाब मे भी हकीकत में भी ..

सिर्फ अश्क़ ही साथ थे मेरे
ख्वाब मे भी हकीकत में भी ..

अश्क

कैसे रिश्ता है इन अश्क़ों से मेरा

कैसे रिश्ता है
इन अश्क़ों से मेरा ..

मैं भूल भी जाऊँ
तो ये मुझे भूलते नहीं

मेरी निगाहों में बसे है ये

ना जाने कैसे
खुशी हो या गम
मेरे पीछा छोड़ते नहीं ..

अश्क

रोना कितना सुकून देता है

आज यूँ ही तन्हाँ बैठ कर सोच
रही थी कि रोना कभी कभी
कितना सुकून देता है ..

कुछ नहीं कहना
सभी विचारों को विराम देकर रो लेना
जो काम शब्द नहीं कर पाते वो आँखो
के आँसू कर जाते हैं ..

इन आँखो की भाषा भी कितनी
अजीब है ना , या कहें कि लाजबाब है

मन से कोई अपना लगता है तो
अगर शब्द कहने में असमर्थ है तो
आँखे सब कह जाती हैं ..

आँखे स्वीकार करती हैं कि हाँ
मुझे कुछ अनुभव हुआ है जो शब्दों
से परे है , और गहन पीड़ा को भी
रोकर अभिव्यक्त कर जाती हैं ..

मन के भार को हल्का कर जाती हैं ..

अश्क

आँख फिर भी नम है क्यूँ

तेरे ख्यालों में
हम गुम है क्यूँ ..

गम तो कोई नहीं
आँख फिर भी नम है क्यूँ ..

अश्क

बेवफा

उस ज़िंदगी के भी क्या
मायने है जिसमे तू नहीं

मायूसी तो मुझे तब हुई

जब नापाक लोगों को तेरे दर पे
इबादत करते देखा ..

बेवफा

काँच की बोतलो से बने जाम

हम बयान करे
भी तो क्या करें
किस्से उनके बेवफाई के ..

इन काँच की बोतलो
से बने जाम
सहारा है हमारी तन्हाई के ..

बेवफा

इक अरसा गुजारा

इक अरसा गुजारा
हमने उसके इंतजार में
जिसको इंतज़ार किसी और का था ..

इक अरसा गुज़ारा
हमने किसी के प्यार में
जो प्यार किसी और का था ..

बेवफा

तुम फिर आ गए

यूँकि जब लगा की तुम भी हो
सबकी तरह ..

दिल पर दस्तक देने तुम फिर आ
गए ..

बेवफा

दिल आज भी दर्द में है

दिल आज भी दर्द में है ..

और दर्द देने
वाला आज भी दिल में ..

बेवफा

दर्द होना जायज़ है

दिल दुखा है तो
दर्द होना जायज़ है ..

ज़ख़्म मिला है तो
दर्द होना जायज़ है ..

रूह तड़पी है तो
दर्द होना जायज़ है ..

...
बेवफा

अंजान थे इस दुनिया के दस्तूर से

यहा दर्द का भी फ़ायदा
उठना जानते है लोग ..

किसी को रुलाके
मुस्कुराना जानते है लोग ..

किसी के ज़ख़्मो पे
मरहम का बहाना करके ..

ज़ख़्म को नासूर
बनाना जानते है लोग ..

बेवफा

कोई मौहब्बत करके रोता है

ज़िंदगी का फल सफा भी
अजीब होता है ..

कोई मौहब्बत के लिए
रोता है ..

कोई मौहब्बत करके
रोता है ..

बेवफा

हम शिकायत भी करे तो क्या करे

हम शिकायत भी
करे तो क्या करे
रब से ..

हमें रुलाया भी
उसने ..

जो हमें अपनी
जान से भी ज़्यादा
अज़ीज़ था ..

बेवफा

काश हमारा दिल ना दुखाया होता

बनाने वाले ने काश
हमें थोड़ा ख़ुदग़र्ज़
बनाया होता ..

तब शायद हमारा दिल
ना किसी ने दुखाया होता ..

...
बेवफ़ा

ऐसे भी हम जीकर देख लेंगे

हमने भी सोचा
चल तेरी रज़ा ..

मेरे लिए यही है
तो यही सही ..

ऐसे भी हम
जीकर देख लेंगे ..

बेवफा

जो वक़्त के साथ बदल गया

खुद को
उसके लिए मत बदलिए ..

जो वक़्त के साथ बदल गया ..

बेवफा

खुद ही बहकाया , खुद ही समझाया

चलते चलते
यूँ ही कुछ याद आया

दिल ने कहा , बैठ ज़रा सोच
तूने क्या खोया , ओर क्या पाया
तो खोया उसका , अफ़सोस ना कर
जो पाया उसका , गुरूर ना कर

कमाल है ये दिल भी
खुद ही बहकाया , खुद ही समझाया

जो समझाया तुमने हमें
नदाने-दिल ने समझ लिया चुपचाप
यूँ ही नहीं मोहबात कहते है इसे

तुमने दिल तोड़ा
हमने सह लिया चुप छाप

बेवफा

तुझे लगा वो अपना

तुझे लगा वो अपना
पर वो
अपना थोड़े ही था ..

तुझे लगा वो सपना
पर वो
सपना थोड़े ही था ..

बेवफा

<u>सबसे अपने ही सबसे पराए है</u>

कुछ इस कदर ज़िंदगी
ने हमें सबक सिखाए है ..

एहसास कराया है
सबसे अपने ही सबसे पराए है ..

बेवफा

कितना सुकून था उस इश्क़

कितनी रूहानियत ओर कितना सुकून
था उस इश्क़ में ..

जो तुझसे हुआ था तब तक जब
तक तेरी बेवफ़ाई से
परदा ना हटा था ..

...
बेवफ़ा

कसक

दिल ,में क्यूँ एक कसक सी उठी है
कोई हमें भी टूट के चाहे ये चाहत सी उठी है

बेश बाह होते हैं वो लोग,
जो टूटे दिलों को जोड़ने
का काम करते हैं ..

ये जानते हुए भी कि
इस कोशिश में शायद
वो भी टूट सकते हैं ..

कसक

<u>जरूरी था</u>

कुछ ख्वाबो के पूरा होने के लिए
कुछ उलझनों का सुलझना भी
जरूरी था ..

ऐसा नहीं है कि हम जी नहीं रहे थे
पर जिंदगी मे जिंदगी का होना भी
ज़रूरी था ..

तन से तो हर रिश्ता मुकम्मल था
पर रिश्तों में रूह का शामिल होना भी
ज़रूरी था ..

नकाब हटते गए परत-दर-परत
चूँकि सच्चाई से मेरा रूबरू होना
ज़रूरी था ..

कसक

क्या यही रज़ा है तेरी ?

ऐ खुदा ये बता दे
क्या खता है मेरी ?

ज़िंदगी जो सज़ा
बन गयी है ..

क्या
यही रज़ा है तेरी ?

...
कसक

कुछ सवालों के जवाब नहीं होते

पूरे सभी ख्वाब
नहीं होते ..

कुछ सवालों के
जवाब नहीं होते ..

— love —

ना जाने कितने सवालो के जवाब
हमें मिलते नहीं

पर सफ़र चलता रहता है ..

...
कसक

दर्द

कुछ इस अंदाज़ से तोड़ा है
तूने हमें ..

की अब एहसास दर्द का भी
अपना सा लगता है ..

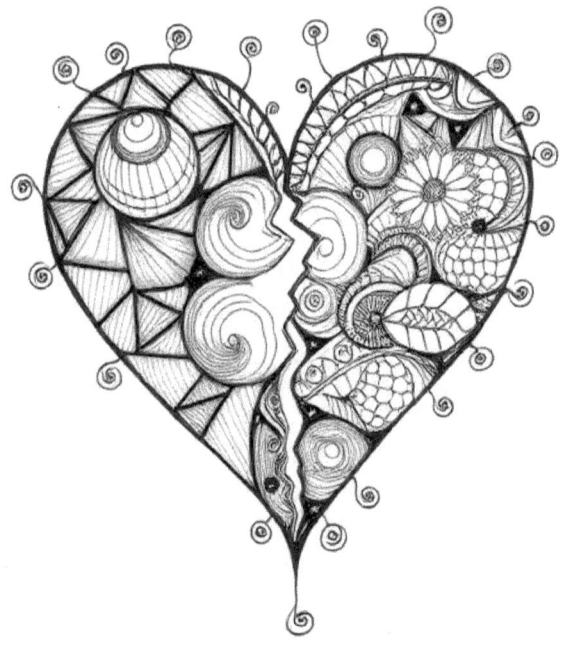

अपनी ही उलझनों में खो
गयी हू मैं ..

जो नहीं थी वो हो गयी हूँ मैं ..

दर्द

ख़ुदा साथ देता है पाक रूहों का

किसी से भी अपनी तन्हाई अपने दर्द
का ज़िक्र ना कर ..

ख़ुदा साथ देता है पाक रूहों का
तू ज़रा सी भी , फ़िक्र ना कर ..

दर्द

तलाशते रहे इश्क़ ता उमर हम

तलाशते रहे
जिन आँखों में
इश्क़ ता उमर हम ..

सिवाए शिकयतों
के कुछ मिला नहीं ..

ओर जब मिला है
इश्क़ हमें
तो हम दे सकते
उसके सही सिला नहीं ..

दर्द

जानती हूँ पूरे नहीं होंगे

कहती कुछ नहीं
पर बहुत
कुछ सुनती हूँ ..

जानती हूँ पूरे नहीं
होंगे फिर भी
ख्वाब बुनती हूँ ..

दर्द

जिस मौड़ पे तुमने

आज भी दिल
उसी मौड़ पे रुका है ..

जिस मौड़ पे तुमने मुझे
मुड के देखा था ..

दर्द

मुझे मुझसे मोहब्बत करना सिखाया है

दर्द ने कुछ यूँ
जीना सिखाया है ..

मुझे मुझसे मोहब्बत
करना सिखाया है ..

दर्द

अक़ीदत

बड़ी ही सरल है कर्मों की परिभाषा
जो सृष्टि को दोगे , वही तो तुम्हारे पास
लौट के आएगा

काश ऐसा होता हम
भी यू बरस कर ..

खुद से गम को
जुदा कर देते ..

अक़ीदत

ख्वाबिदा रहना ही अच्छा लगता है

दुनिया की सच्चाइयों से
बेख़बर नहीं है हम ..

पर क्या करे
हमें ख्वाबिदा रहना
ही अच्छा लगता है ..

अक़ीदत

उड़ान

ओर फिर किसी ने कहा
तुम्हारी ज़िंदगी में तुम कहाँ हो

और फिर तुम्हें एहसास होता है कि ..

सबसे ज़रूरी है अपने सपनों को
शिद्दत से पूरा करने की कोशिश करना

जो आपके हृदय की गहन पीड़ा
को समझता है वह परमात्मा है

उड़ान

ओ मेरी नन्हीं सी परी

ओ मेरी नन्हीं सी परी
तुझे सिर्फ परी ही नहीं बनना
स्वार्थ से भरी इस दुनिया में
विद्रोही भी बनना है ..

ना गलत करना है , तो सब कहतें हैं
तुझे ना गलत सहना है ..

तेरे स्वाभिमान को जो ठेस पहुंचाए
उसे दूर से ही प्रणाम करना है ..

शब्दों का प्रयोग सिर्फ आदर देने के लिए नहीं
अपने अधिकारों की रक्षा के लिए भी करना है ..

प्रेम जब निस्संदिग्ध सा बन जाए
उसका तिरस्कार करना है ..

जो तुझे खुले आकाश में उड़ने से रोके
उस बंधन का परित्याग करना है ..

ओ मेरी नन्ही सी परी तुझे सिर्फ परी

उड़ान

इक उज्जवल सी किरण दिखाई है

अब जो यूँ इक उज्जवल सी
किरण दिखाई है रोशनी की
उसे मद्धम पडने मत देना ..

बहुत ही मुश्किल के बाद
खुद को फिर से तैयार किया है
जीने के लिए
अब इस चाह को कम पड़ने मत देना ..

हाथ जो थाम लिया है
तुमने अब मेरा ..

संग मेरे सदा रहना,
इस भीड़ मे मुझे अकेला पड़ने मत देना ..

...
उड़ान

वो जो तेरे ख्वाब थे, पूरे होने को हैं

और फिर
धीरे से मन से इक
आवाज़ आई ..

कि बस अब रुकना नहीं
थकना नहीं ..
डरना नहीं ..

वो जो तेरे ख्वाब थे
पूरे होने को हैं
मैं तेरे साथ हूँ ..

उड़ान

अभी वक्त़ कहाँ रुकने का

अभी वक्त़ कहाँ रुकने का
अभी सफ़र बाकी है ..

सबको जानने की
ख्वाहिश ही कहाँ ..

बस खुद से पहचान
बाकी है ..

...
उड़ान

तेरा ही सहारा

www.ingramcontent.com/pod-product-compliance
Lightning Source LLC
LaVergne TN
LVHW061549070526
838199LV00077B/6969
* 9 7 8 9 3 6 5 5 4 3 9 5 7 *